8/07

13.99

BLAZERS
Bilingüe/Bilingual

VEHÍCULOS MILITARES/ MILITARY VEHICLES

AVIONES de COMBATE de la FUERZA AÉREA de EE.UU./

U.S. AIR FORCE FIGHTERS

por/by Carrie A. Braulick

Consultora de Lectura/Reading Consultant:
Barbara J. Fox
Especialista en Lectura/Reading Specialist
Universidad del Estado de Carolina del Norte/
North Carolina State University

Capstone
press

Mankato, Minnesota

Blazers is published by Capstone Press,
151 Good Counsel Drive, P.O. Box 669, Mankato, Minnesota 56002.
www.capstonepress.com

Library of Congress Cataloging-in-Publication Data
Braulick, Carrie A., 1975–
    [U.S. Air Force fighters. Spanish & English]
    Aviones de combate de la Fuerza Aérea de EE.UU./por Carrie A.
Braulick = U.S. Air Force fighters/by Carrie A. Braulick.
    p. cm.—(Blazers—vehículos militaries = Blazers—military vehicles)
    Summary: "Provides an overview of the design, uses, weapons, and
equipment of U.S. Air Force fighter planes in both English and Spanish"—
Provided by publisher.
    Includes index.
    ISBN-13: 978-0-7368-7736-7 (hardcover : alk. paper)
    ISBN-10: 0-7368-7736-3 (hardcover : alk. paper)
    1. Fighter planes—United States—Juvenile literature. I. Title. II. Title:
U.S. Air Force fighters.
UG1242.F5B735 2007
623.74'640973—dc22   2006026842

Editorial Credits
Jenny Marks, editor; Thomas Emery, designer; Jo Miller, photo researcher/
    photo editor; Strictly Spanish, translation services; Saferock USA, LLC,
    production services

Photo Credits
Digital Vision, 17
DVIC/Blake R. Borsic, 6; Master Sgt. Lochner, 19 (bottom); SR. Airman
    Theodore J. Koniares, 19 (top); SRA James Harper, cover; Tech SGT
    Hans H. Dettner, 13
Getty Images Inc./David McNew, 27
Lockheed Martin Aeronautics Company, 26
Photo by Ted Carlson/Fotodynamics, 5, 9, 11, 12, 15 (both), 20, 25,
    28–29
Photo by U.S. Air Force/AFFTC History Office, 22–23; Staff Sgt.
    Derick C. Goode, 10; Staff Sgt. Jeffery A. Wolfe, 21; Tech. Sgt.
    Debbie Hernandez, 7

**Capstone Press thanks Raymond L. Puffer, PhD, Historian, Air
Force Flight Test Center, Edwards Air Force Base, California for his
assistance in preparing this book.**

1 2 3 4 5 6 12 11 10 09 08 07

TABLE OF CONTENTS

TABLA DE CONTENIDOS

Air Force Fighters

Enemies do not want to face a
U.S. Air Force fighter plane. A fighter
can quickly turn a target into a heap
of burning rubble.

Aviones de combate de la Fuerza Aérea

Los enemigos no quieren enfrentarse
a un avión de combate de la Fuerza Aérea
de EE.UU. Un avión de combate puede
convertir rápidamente a un objetivo en
un montón de escombros en llamas.

The U.S. Air Force has the best
fighter planes in the world. These
planes are fast, and their aim is deadly.

La Fuerza Aérea de EE.UU. tiene
los mejores aviones de combate del
mundo. Estos aviones son rápidos y
tienen una puntería mortal.

BLAZER FACT

The F-15 Eagle has a perfect combat record. No F-15 has ever been shot down in battle.

DATO BLAZER

El F-15 Eagle tiene un historial de combate perfecto. Ningún F-15 ha sido derribado jamás en una batalla.

DESIGN

Fighters are built to blast enemy planes out of the sky. They protect soldiers on the ground too. Some fighters also bomb land targets.

DISEÑO

Los aviones de combate están hechos para derribar aviones enemigos. También protegen a los soldados que se encuentran en tierra. Algunos aviones de combate también lanzan bombas a objetivos en tierra.

A-10 THUNDERBOLT IIS/A-10 THUNDERBOLT II

Large engines push fighters to high speeds. The F-15 Eagle is the fastest fighter in the world. It flies 1,875 miles (3,017 kilometers) per hour.

Grandes motores impulsan a los aviones de combate a altas velocidades. El F-15 Eagle es el avión de combate más rápido del mundo. Vuela a 1,875 millas (3,017 kilómetros) por hora.

REAR OF F-15 ENGINES/PARTE POSTERIOR DE LOS MOTORES DE UN F-15

F-15 EAGLES / AVIONES F-15 EAGLE

BLAZER FACT

Most Air Force fighters can fly faster than the speed of sound.

DATO BLAZER

La mayoría de los aviones de combate de la Fuerza Aérea pueden viajar más rápido que el sonido.

F-16 Fighting Falcons are powerful
planes. Even at high speeds, they are
easy to control. They make quick,
sharp turns.

Los aviones F-16 Fighting Falcon
son muy potentes. Incluso a altas
velocidades, son fáciles de controlar.
Dan giros rápidos y cerrados.

The F-117A Nighthawk was the first stealth fighter used by the U.S. Air Force. Its sleek shape keeps it from being spotted by enemy radar.

El F-117A Nighthawk fue el primer avión de combate invisible al radar utilizado por la Fuerza Aérea de EE.UU. Su estilizada forma lo ayuda a evitar ser divisado por los radares enemigos.

BLAZER FACT

Radar systems send out radar beams. Beams hit a plane and bounce back to show the plane's location.

DATO BLAZER

Los sistemas de radar envían rayos de radar. Los rayos llegan al avión y regresan para indicar dónde se encuentra el avión.

Weapons and Equipment

Fighters are packed with missiles and bombs. Fighters also fire bullets out of cannons.

Armamento y Equipo

Los aviones de combate van llenos de misiles y bombas. Los aviones de combate también lanzan balas con sus cañones.

★ ★ ★ ★ ★ ★

Many fighters use guided
missiles to destroy enemy planes.
Sensors guide the weapons to
their targets.

Muchos aviones de combate usan
misiles guiados para destruir aviones
enemigos. Los sensores dirigen a las
armas hacia sus objetivos.

AIM-9 SIDEWINDER/AIM-9 SIDEWINDER

AIM-9 SIDEWINDER/AIM-9 SIDEWINDER

F-16 COCKPIT/
CABINA DEL F-16

20

Fighters have advanced electronic systems. Cockpit electronics help pilots steer the planes. Other systems protect the planes from enemy attacks.

Los aviones de combate tienen avanzados sistemas electrónicos. El equipo electrónico de la cabina ayuda a los pilotos a manejar los aviones. Otros sistemas protegen a los aviones de ataques enemigos.

BLAZER FACT

Fighters can release flares when enemies fire missiles. Enemy missiles follow the flares instead of the planes.

DATO BLAZER

Los aviones de combate pueden soltar bengalas cuando los enemigos les lanzan misiles. Los misiles enemigos siguen a las bengalas en lugar de seguir a los aviones.

F-16 FIGHTING FALCON/AVIÓN DE COMBATE F-16 FALCON

MISSILES/MISILES

TAIL/COLA

AF 88 **473**

REAR OF ENGINE/PARTE POSTERIOR DEL MOTOR

MISSILE/MISIL

COCKPIT/CABINA

NOSE/NARIZ

FIGHTERS IN FLIGHT

Pilots wear oxygen masks and G suits. The masks help pilots breathe in thin air. G suits keep pilots safe when they make sharp turns at top speeds.

AVIONES DE COMBATE EN VUELO

Los pilotos usan máscaras de oxígeno y trajes G. Las máscaras ayudan al piloto a respirar cuando el aire contiene poco oxígeno. Los trajes G mantienen protegidos a los pilotos cuando hacen giros cerrados a altas velocidades.

NIGHT VISION GOGGLES/
LENTES DE VISIÓN NOCTURNA

OXYGEN MASK/MÁSCARA DE OXÍGENO

G SUIT/TRAJE G

PULL TO EJECT

The Air Force is always improving fighters. New and even more powerful planes will be used in the future. Enemies must beware of these fierce fighters!

La Fuerza Aérea siempre está mejorando los aviones de combate. En el futuro se utilizarán nuevos aviones, más potentes que los actuales. ¡Los enemigos deberán cuidarse de estos feroces aviones de combate!

F/A-22 RAPTOR/F/A-22 RAPTOR

X-45 UNMANNED COMBAT AIR VEHICLE/VEHÍCULO AÉREO DE COMBATE SIN TRIPULACIÓN A BORDO X-45

BLAZER FACT

In the future, the Air Force may use unmanned fighters. Pilots will control these planes from the ground.

DATO BLAZER

En el futuro, la Fuerza Aérea podrá usar aviones de combate sin tripulación a bordo. Los pilotos controlarán estos aviones desde tierra.

F-16s FLYING IN FORMATION!/
¡AVIONES F-16 VOLANDO
EN FORMACIÓN!

GLOSSARY

bomb—a container filled with explosives

bullet—a small, pointed metal object fired from a gun

cannon—a large gun

electronics—products that run on small amounts of electricity

flare—a bright object released by a fighter plane to make an enemy missile miss it

missile—an explosive weapon that can fly long distances

radar system—equipment that uses radio waves to locate and guide objects

sensor—an instrument that detects physical changes in the environment

stealth fighter—a fighter plane designed to stay hidden from enemy radar

INTERNET SITES

FactHound offers a safe, fun way to find Internet sites related to this book. All of the sites on FactHound have been researched by our staff.

Here's how:

1. Visit *www.facthound.com*
2. Choose your grade level.
3. Type in this book ID **0736877363** for age-appropriate sites. You may also browse subjects by clicking on letters, or by clicking on pictures and words.
4. Click on the **Fetch It** button.

FactHound will fetch the best sites for you!

Glosario

el avión de combate invisible al radar—un avión de combate diseñado para permanecer oculto de los radares enemigos

la bala—un pequeño objeto metálico y puntiagudo que se dispara desde un arma de fuego

la bengala—un objeto luminoso que sueltan los aviones de combate para despistar a los misiles enemigos

la bomba—un recipiente lleno de explosivos

el cañón—un arma de fuego grande

electrónico—producto que funciona con pequeñas cantidades de electricidad

el misil—un armamento explosivo que puede volar largas distancias

el sensor—un instrumento que detecta cambios físicos en el ambiente

el sistema de radar—equipo que usa ondas de radio para localizar y guiar objetos

Sitios de Internet

FactHound proporciona una manera divertida y segura de encontrar sitios de Internet relacionados con este libro. Nuestro personal ha investigado todos los sitios de FactHound. Es posible que los sitios no estén en español.

Se hace así:

1. Visita *www.facthound.com*
2. Elige tu grado escolar.
3. Introduce este código especial **0736877363** para ver sitios apropiados según tu edad, o usa una palabra relacionada con este libro para hacer una búsqueda general.
4. Haz clic en el botón **Fetch It.**

¡FactHound buscará los mejores sitios para ti!

INDEX

ÍNDICE